SUR

L'EAU DE SELTZ

ET

LA FABRICATION DES BOISSONS GAZEUSES

CORBEIL. — TYP. ET STÉR. DE CRÉTÉ.

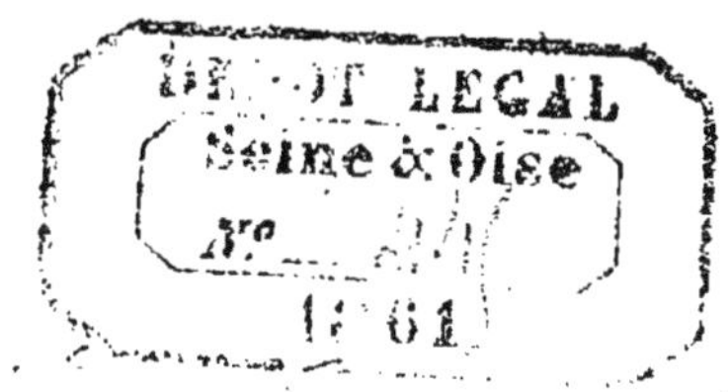

SUR

L'EAU DE SELTZ

ET

LA FABRICATION DES BOISSONS GAZEUSES

APERÇU

HISTORIQUE, PHYSIOLOGIQUE ET MÉDICAL

Par le Docteur

AUG. ALPH. LEGRAND

TROISIÈME ÉDITION

PARIS

LIBRAIRIE J. B. BAILLIÈRE ET FILS

Rue Hautefeuille, 19

ET LES PRINCIPAUX LIBRAIRES.

1863

AVANT-PROPOS

L'Académie de médecine, les Conseils d'hygiène, les corps savants se préoccupent vivement du développement énorme que prend la consommation des boissons gazeuses, surtout celle de l'eau de Seltz.

Ils trouvent dans ce goût, qui va tous les jours croissant, une garantie réelle pour la santé publique et un moyen puissant de combattre la triste et funeste habitude des boissons alcooliques. Aussi suivent-ils avec intérêt les progrès continuels réalisés dans cette fabrication ; les jurys des expositions publiques les ont encouragés par de nombreuses récompenses, attestant l'importance qui s'attache au développement de cette industrie.

Telle qu'elle est aujourd'hui, considérablement perfectionnée et déjà fort étendue, la fabrication des boissons gazeuses offre un sujet d'études intéressant à divers points de vue. L'idée de cet opuscule nous a été inspirée par le désir de faire partager à nos lecteurs le plaisir que nous avons nous-même ressenti dans cette étude, et par l'envie de leur être utile en leur signalant les nombreuses applications — inconnues pour la plupart au public — qu'ils peuvent faire des boissons rendues gazeuses par l'acide carbonique et de l'acide carbonique lui-même. Après avoir résumé en peu de pages l'historique des eaux minérales factices et de l'eau de Seltz en particulier, nous exposerons les qualités salutaires, hygiéniques, médicinales que la science et l'expérience ont reconnues à l'eau rendue gazeuse et acidule par la présence de l'acide carbonique, et nous initierons nos lecteurs aux différents procédés de fabrication. Le consommateur — étranger, presque toujours, par ses occupations et ses habitudes, aux choses de l'industrie et de la science médicale — pourra ainsi juger, par lui-même, des qualités de la boisson gazeuse qu'on lui offre, d'après sa composition et sa fabrication. Enfin un résumé des diverses applications des boissons gazeuses et de l'acide carbonique lui indiquera de nouveaux usages de ce produit pour son bien-être ou sa santé. Tels sont le plan et le sommaire de cet opuscule.

En lisant les ouvrages de Payen, Trousseau, Guépin de Nantes, Ossian Henry, etc., on a pu déjà connaître les jugements de savants éminents sur les boissons gazeuses et l'usage qu'en font nos plus distingués confrères dans le régime diététique qu'ils conseillent.

On nous pardonnera de venir faire entendre notre faible voix, après des maîtres aussi autorisés.

SUR

L'EAU DE SELTZ

CHAPITRE I

Aperçu historique. — Eaux minérales naturelles. — Eaux minérales artificielles. — Selters. — Vichy. — Eaux de Seltz.

La nature a mis les eaux minérales à la disposition de l'homme comme élément alimentaire agréable, hygiénique et médicinal. Aussi n'est-ce pas de nos jours seulement que leur usage s'est répandu et généralisé. Hippocrate (1) nous apprend l'usage qu'en faisait l'école de Cos ; et Aristote, ce génie universel et puissant, publiait, un siècle après, sous le règne d'Alexandre le Grand, une étude complète sur les eaux minérales, parmi lesquelles il cite les sources acidules de Si-

(1) *Œuvres complètes*, traduction E. Littré.

cile et les fontaines amères de la Scythie. Galien, Celse, Avicenne parlent avec un égal éloge de leurs vertus curatives, et déjà à cette époque on reconnaissait que les eaux les plus chargées en matières salines sont celles qui atteignent le moins vite leur point d'ébullition, et qu'elles doivent leurs qualités aux substances qu'elles contiennent en dissolution.

Les Romains, ces successeurs des Grecs et leurs glorieux imitateurs en beaucoup de choses, employèrent également les eaux minérales. A ce peuple passionné et corrompu il fallait tous les raffinements de la civilisation ; les Crassus, les Lucullus, tous ces efféminés gourmets des derniers temps de la république, et les générations de l'ère impériale firent de la nature, comme du reste de l'univers, l'esclave de leurs goûts et de leurs exigences.

L'esclave nubien versait aux convives fatigués du falerne, l'eau puisée à la source lointaine, en chantant les vertus de la Naïade qui ranimerait les forces de leurs estomacs surchargés. Souvent des sels et des parfums mêlés à l'eau de neige cherchaient à lui donner le goût des sources de la Sicile ou des eaux de l'Ibérie, et l'on pourrait sans peine faire remonter à ces époques reculées les premières préparations d'*eaux minérales* factices.

Maîtres de l'univers, les Romains connurent les propriétés de la plupart des sources qui, de nos jours, sont pendant la saison d'été le rendez-vous à la mode des heureux du monde et la suprême ressource des malades désespérés. Ils créèrent la vie des eaux, et les vestiges grandioses, les débris gigantesques, les ruines poétiques semées partout attestent encore quelle magnificence étalait dans ses palais thermaux le peuple vainqueur. Tous les arts furent appelés à embellir ces établissements dignes de la grandeur romaine.

Les bains que les Constantins bâtirent à Aix, ceux que Sertorius et César avaient fait construire à Baréges ; les monuments romains, qu'on trouve près de toutes les sources des bords du Rhin, comme à celles du Mont-Dore, et surtout des Pyrénées, indiquent la grande place que les eaux minérales tenaient dans l'hygiène et dans la vie des Romains. La jeunesse brillante y courait goûter les plaisirs de la Gaule et de l'Espagne comme celle d'aujourd'hui court à Bade ou à Spa.

Dans les siècles d'ignorance, de barbarie et de désordres, qui succédèrent à ces époques de civilisation excessive, les vertus des sources minérales furent oubliées, les palais thermaux disparurent abandonnés par l'incurie générale, ou s'abîmèrent sous le choc violent des invasions barbares. Les conditions de la vie humaine se modifièrent complétement; le bien-être matériel cessa d'être compris, les mœurs féodales et monastiques rompirent la chaîne des traditions sociales. Les guerres de baron à baron; l'oppression générale; l'axiome — pas de terre sans seigneur — qui faisait de chaque source la chose propre du couvent ou du château et défendait, de par Dieu, à tout passant, vassal, ou manant d'y éteindre sa soif, ne pouvaient pas permettre la vie des eaux, sans laquelle les eaux minérales se perdent inutiles dans le sol qui les absorbe.

Cependant le réveil de l'intelligence humaine se faisait avec l'affranchissement des communes, et, moins traqué dans ses biens et dans sa vie, l'homme revenait à la science et cherchait de plus délicates jouissances.

Les eaux de Forges furent les premières qui, à cause de leurs vertus spéciales, attirèrent les reines de France. Blanche de Castille visita les sources normandes à plusieurs reprises; Anne de Bretagne y fit vainement de longs séjours. Avec le seizième siècle, la science médicale commence à s'établir sur des données plus certaines; les eaux minérales, mieux connues, vont occuper dans la thérapeutique un rôle digne d'elles. Marguerite, reine de Navarre et sœur de François Ier, leur rendit une partie du lustre dont elles avaient joui dans l'antiquité. Henri IV connut celles des Pyrénées, et les fréquenta dans sa jeunesse. Les eaux de Forges contribuèrent, dit-on, aussi puissamment à la naissance de Louis XIV que le vœu de Louis XIII. En souvenir de la présence d'Anne d'Autriche et du cardinal de Richelieu, une de ces sources porte le nom de *fontaine du Cardinal*, et l'autre celui de *fontaine de la Reinette.* Le bon Montaigne faisait ses délices de la vie des eaux, et le séjour qu'y firent madame de Maintenon et le duc du Maine augmenta encore leur vogue.

Les services que rendaient les eaux minérales attirèrent l'attention sérieuse des rois de France. Ils chargèrent les premiers corps savants de les étudier, confièrent à quelques médecins le droit de régir certaines sources en renom, ou firent élever près d'elles des établissements spéciaux dont la plupart existent encore. Depuis Henri IV jusqu'à Louis XVI, une série d'ordonnances et de règlements jeta les fondements de la législation qui régit aujourd'hui l'exploitation des eaux minérales.

Au milieu de la tempête révolutionnaire, le bruit de nos discordes civiles, le retentissement des guerres de la République et de l'Empire; plus que cela, peut-être, le doute et l'incrédulité nés dans les esprits, de l'exagération des éloges accordés à l'efficacité de ces eaux, firent encore une fois rentrer les eaux minérales dans l'ombre. Elles durent attendre des circonstances plus favorables pour reconquérir la popularité à laquelle elles avaient droit.

Un peuple qui s'occupait de fonder ses nouvelles destinées, toujours l'arme au bras chez lui ou chez les autres, avait d'ailleurs autre chose à faire que de s'occuper à mettre de l'eau gazeuse dans son vin. Les établissements thermaux subirent donc une éclipse de quelques années.

Mais aussitôt que la paix eut remplacé les émotions de la guerre, le gouvernement de la Restauration fit de nouveau examiner les eaux minérales. Louis XVIII, un gourmand spirituel, digne de comprendre leurs mérites variés, fit passer une loi spéciale régissant les établissements thermaux, déterminant les fonctions dévolues aux médecins inspecteurs placés près des sources minérales, et les formalités exigées des propriétaires pour obtenir l'autorisation d'exploiter, au point de vue médical, telle ou telle eau découverte. L'Académie de médecine eut, dans ses attributions spéciales, celle de faire analyser les eaux envoyées après puisement légal, et d'examiner les rapports adressés par les inspecteurs placés à côté de chaque établissement thermal (1).

Telles sont les grandes phases de l'histoire des eaux minérales naturelles. Avant d'aborder l'étude de la fabrication des eaux gazeuses artificielles, nous croyons devoir jeter un coup d'œil en arrière, afin de déterminer comment le génie de l'homme, luttant avec le génie de la nature, conçut la pensée d'imiter ses produits mystérieux, et créa des eaux minérales artificielles qui non-

(1) *Rapports à S. Ex. le ministre de l'agriculture, du commerce et des travaux publics, sur le service médical des eaux minérales de la France.*

seulement possèdent les mêmes vertus bienfaisantes que les eaux minérales naturelles, mais encore, dans certaines circonstances, des propriétés supérieures par la possibilité de les doser proportionnellement aux besoins.

Quelques détails sur les eaux de Selters et de Vichy, le plus usuellement imitées, suffiront pour faire comprendre comment la science est parvenue à les composer artificiellement et pourquoi cette fabrication d'abord restreinte est devenue une grande industrie.

Les eaux de Seltz, principal objet de cet opuscule, tirent leur nom des eaux minérales naturelles de Seltz ou Selters, qui sourdent à mi-côte d'un petit village appelé Seltz, Selters ou bas Selters, situé dans le duché de Nassau tout près de Trèves, entre Francfort et Mayence, où elles furent reconnues vers 1525. Elles rendirent de grands services aux habitants de ces contrées qui se virent, par la guerre de Trente ans, privés de cette boisson devenue ordinaire pour eux. Retrouvées vers le milieu du dix-huitième siècle, leur réputation alla toujours grandissant. Après avoir été louées d'abord 2 florins par an, leur fermage s'éleva, en 1763, à 40,000 florins, pour monter successivement jusqu'à 80,000 florins (1). Aujourd'hui, de midi à 1 heure, les habitants du village ont le droit d'y puiser librement ; de 1 heure à 7 heures les préposés du duc reprennent en son nom et à son profit possession des sources. La part du Lion est raisonnable, et cet impôt prélevé sur la nature est certainement la plus claire partie de la liste civile ducale.

Le succès de ces eaux s'explique du reste par leurs qualités. Limpides et transparentes, leur pureté ne s'altère jamais malgré le pétillement et le bouillonnement continuels du gaz qui s'échappe et s'élève au-dessus de la source. De tous les caractères que présentent les eaux minérales acidules, pas un ne leur fait défaut. D'une acidité agréable,

(1) Un florin vaut environ 2 fr. 20 cent.

elles possèdent néanmoins une saveur salée, légèrement alcaline; elles l'empruntent aux sels qui s'y trouvent mêlés à l'acide carbonique, tandis que l'eau de Seltz factice est affranchie de cet arrière-goût.

L'analyse des eaux de Selters, faite en 1766 par Bergmann, y démontra la présence des carbonates de chaux, de soude, de magnésie; des muriates de soude, et d'une quantité considérable d'acide carbonique.

Des analyses postérieures à celles de ce savant retrouvèrent les mêmes éléments, mais dans des proportions qui varièrent en raison des saisons, de la température et d'une foule d'autres conditions climatériques restées jusqu'ici inconnues à la science. Nous nous contenterons de citer l'analyse de cette eau, publiée par M. Ossian Henry, chef des travaux chimiques de l'Académie impériale de médecine. — Voici la composition que M. O. Henry a trouvée pour un litre d'eau :

	Grammes.
Bicarbonate de soude	0,979
— de chaux	0,551
— de magnésie	0,209
— de strontiane	traces.
— de fer	0,030
Chlorure de sodium	2,040
— de potassium	0,001
Sulfate de soude	0,150
Phosphate de soude	0,040
Silice et alumine	0,050
Bromure alcalin, crénates de chaux et de soude, matières organiques	traces.
Acide carbonique libre	1,035
	5,105

Les vertus précieuses des eaux de Seltz sont incontestables, et elles doivent être signalées comme possédant des qualités depuis longtemps appréciées par les médecins, et utilisées toujours avec succès pour les cas de fièvres bilieuses, ou adynamiques, pour le scorbut, les flueurs blanches, les ménorrhagies passives, la leucorrhée constitutionnelle, la gravelle, la phthisie catarrhale ou muqueuse.

Possédant des mérites semblables, les eaux de Seltz-Selters ne pouvaient manquer de voir s'augmenter leur réputation. Le public y prit bientôt tellement goût que le million de bouteilles expédié chaque année depuis 1815, terme ascendant de leur renommée, ne suffit plus aux besoins des malades.

Presqu'en même temps que Bergmann déterminait la composition de l'eau de Selters, l'analyse faisait connaître les éléments qui entrent dans les sources de Vichy, et démontrait que leurs propriétés acidules étaient également dues à la présence du gaz acide carbonique.

L'heureuse situation et les vertus énergiques des eaux de Vichy leur ont acquis depuis longtemps une grande célébrité. Elles furent connues des Romains qui allaient, comme de nos jours, demander à leurs principes alcalins la guérison des affections goutteuses. La médecine les recommande avec raison contre les engorgements du foie ou de la rate; contre les concrétions biliaires, les coliques néphrétiques, la leucorrhée et quelques exanthèmes chroniques causés par l'altération des viscères abdominaux (1).

De nombreuses analyses et surtout l'excellent travail de M. J.-P. Bouquet ont fait connaître qu'elles contiennent :

Acide carbonique libre dissous.
Bicarbonate de soude, de potasse, de magnésie, de strontiane, de chaux.
Bicarbonate de protoxyde de fer.
Bicarbonate de protoxyde de manganèse.
Sulfate de soude.
Phosphate de soude.
Arséniate de soude.
Chlorure de sodium.
Silice.
Matière organique bitumineuse.

Les sels alcalins et l'acide carbonique constituent leurs éléments les plus essentiels. En saturant de gaz acide carbonique les eaux qui contiennent des carbonates de soude, on forme des bicarbonates alcalins bien moins solubles que les simples carbonates, et par des décantations et des évaporations convenables, on obtient facilement un sel spongieux d'un blanc de neige très-pur et très-

(1) *Dictionnaire des eaux minérales et d'hydrologie médicale*, par Durand-Fardel, Lebret et Lefort.

beau, qu'on livre à la consommation sous le nom de *sel extrait des eaux de Vichy*, ou de *pastilles de Vichy*.

Si répandues que soient les eaux minérales sur la terre, il est des pays qui en sont complétement dépourvus. D'ailleurs ces sources si variées ne donnent pas partout les mêmes résultats. Les eaux qu'il faut transporter à des distances infinies perdent leur énergie et leurs différentes qualités. L'analyse, en démontrant comment la présence du gaz acide carbonique, toujours si empressé à se dégager, rend les sources acidules, explique pourquoi ces eaux deviennent plates et sans vertu lorsqu'elles sont bues loin de la source. Les chimistes ont suppléé à cet inconvénient par le bienfait inappréciable des eaux imitées ou des eaux factices. En étudiant la nature et en suivant avec une fidélité et une exactitude scrupuleuses ses merveilleuses opérations, ils savent rassembler toutes les substances constitutives d'une eau minérale, et fixer les gaz et les éléments les plus fugitifs.

Tandis que la science cherche et trouve le moyen d'imiter scrupuleusement les eaux naturelles, le génie industriel, s'emparant de la découverte nouvelle, la simplifie, laisse à l'officine du pharmacien le soin de fournir aux malades les eaux purement médicinales, et fait de l'eau rendue gazeuse et acidule par la saturation artificielle de l'acide carbonique, une boisson hygiénique, salutaire et agréable.

C'est cette association, si féconde, de la science et de l'industrie — caractère saillant de notre époque — qui a amené dans la fabrication des boissons gazeuses les progrès que nous allons décrire.

CHAPITRE II

Découverte de la fabrication des eaux minérales artificielles. — Gaz acide carbonique. — Ses propriétés. — Moyens de le produire. — Carbonates calcaires et carbonates alcalins.

C'est au dix-septième siècle que paraît remonter l'art d'imiter les eaux minérales.

Sous le règne de Charles II, deux Anglais, Jenny et Howard, prirent patente (brevet) pour la fabrication des eaux ferrugineuses; les mieux avisés des apothicaires parisiens exploitaient déjà d'une manière fort fructueuse, s'il faut en croire les *Caractères* de la Bruyère et leurs commentaires, cette ressource industrielle. Au chapitre des charlatans enrichis, le critique moraliste flagelle «B...b.. qui vendait en bouteille l'eau de la rivière» (chap. xx, *Des jugements*), et la clef des *Caractères* nous dit méchamment: «B..b.... n'est autre que l'apothicaire Barberau qui a amassé du bien en vendant de l'eau de la rivière de Seine pour des eaux minérales. »

Dans le *Livre commode des adresses* publié par de Blagny en 1692, sous le nom d'Abraham du Pradel, on trouve que, « le sieur Tillesac, rue de la Bûcherie, joignant les écoles de Médecine, vend toutes sortes d'eaux minérales. »

En rapportant ces faits, M. Walckenaer s'écrie : « Et l'on croit les eaux minérales artificielles une invention moderne ! » Eh ! sans doute, il n'est rien de nouveau sous le soleil, et en fouillant même légèrement, on trouve facilement que les Grecs lançaient des aérostats sous forme de colombes, et que les Romains laissèrent oublier l'invention de la poudre parce qu'ils n'en trouvèrent pas l'application possible. Dès le dix-septième siècle et bien avant, on mêlait à l'eau des carbonates et des sulfates et on les vendait sous le nom d'eaux minérales ; mais la découverte scientifique, emportant avec elle toutes ses applications et son développement industriel, appartient entière au dernier siècle. A ce moment seulement, la chimie analytique, en progrès continu, entra dans la voie nouvelle où des expériences multipliées à l'étranger, comme en France, devaient établir le concours de toutes les intelligences et relier en un faisceau commun les efforts et les résultats du génie des diverses nations.

Au seizième siècle, Paracelse et Van Helmont avaient distingué l'air fixe (acide carbonique) de l'air atmosphérique , et le dernier, par son analyse de l'eau de Spa, avait établi d'une manière positive que le gaz auquel elle doit son acidité et qu'elle dégage sans cesse n'est autre que du *gaz Sylvestre*.

Hoffmann, en 1708, examinant les eaux d'Egra, reconnut que l'*esprit minéral*, nom donné par lui au gaz Sylvestre de Van Helmont, rougissait la teinture de tournesol. Hales et Black virent que cet air fixe avait la propriété de se combiner aux alcalis.

Vers 1750, Priestley et Bergmann avaient constaté la propriété qu'a l'eau de se saturer d'*air fixe* ou acide carbonique, sorti de certaines matières en fermentation, et qui, en traversant des flacons laveurs pleins d'eau, communiquaient à celle-ci une saveur aigrelette, piquante, toute particulière. Une telle découverte était immense ; elle devait amener rapidement la science expérimentale à se passer en quelque sorte de la nature, et à rivaliser avec elle pour la fabrication des eaux acidules. Le principe de leur constitution physique et celui de leurs combinaisons chimiques étant connus, il était en effet dès lors facile d'imiter les eaux de Selters, qui ont donné leur nom à l'eau de Seltz actuelle, ainsi que celles de Spa, de Pyrmont et autres.

A la même époque, Venel, un chimiste de Montpellier, concevait la première idée de la fabrication des liquides gazeux par la production artificielle du gaz acide carbonique. Toutefois ce ne fut que vers 1775 qu'il mit au jour sa méthode, méthode qui consistait à dissoudre dans de l'eau pure des substances propres, par leur contact, à dégager un gaz effervescent qui, absorbé par l'eau, lui communiquait les propriétés des eaux acidules naturelles.

Ces tentatives, — car jusqu'alors il n'y avait eu que des applications de découvertes scientifiques nouvellement faites,—reposaient sur la connaissance encore fort imparfaite de la nature et des propriétés du gaz acide carbonique. Il était réservé au génie de Lavoisier de déterminer la composition exacte de ce gaz — un équivalent de carbone pour deux d'oxygène (CO^2, ou 75 carbone, 200 oxygène) —et de lui assigner son nom définitif. Comme ce gaz est l'élément essentiel de la fabrication qui nous occupe, nous croyons utile d'en faire ici une étude rapide.

Le gaz acide carbonique est fort répandu dans la nature soit à l'état pur, soit à l'état de combinaison. On le trouve : dans l'air atmosphérique, où le répandent sans cesse la respiration des animaux, la combustion, la fermentation et la putréfaction des matières organiques. Il s'accumule dans les cratères de quelques volcans et surtout dans les cavernes qui en sont voisines, comme dans la fameuse Grotte du chien du lac d'Agnano, sur la route de Naples à Pouzzolles. Le sol de cette grotte, toujours recouvert d'une couche d'acide carbonique épaisse de deux ou trois pieds, donne lieu à un fait qu'exploite pour la plus grande satisfaction des touristes et pour la sienne propre, le gardien préposé à la mise en scène de ce petit drame dont le principal personnage est un chien. La pauvre bête, plongée dans la couche de gaz irrespirable, ne tarde pas à manifester les symptômes d'une asphyxie qui serait bientôt complète, si le gardien ne se décidait prudemment, pour éviter les frais d'un nouvel acteur, à rendre celui-ci au grand air : système économique qui lui permet ainsi pendant plusieurs années de tirer un honnête parti de son premier et unique sujet.

La Grotte du chien n'est pas la seule qui produise ce phénomène. On cite également celle de Typhon dans l'Asie Mineure, celle non moins remarquable des bords du Rhin située en Allemagne dans les bois qui entourent le lac Lœacher et qui sert aux chasseurs à prendre, sans dépenser ni poudre, ni plomb, les oiseaux attirés par la vue d'un appât habilement placé sur la fosse d'où s'exhale le gaz acide carbonique. A ces grottes fameuses s'en joignent d'autres offrant les mêmes effets. Ce sont : celle d'Aigueperse dans le Vivarais, autour de laquelle la végétation acquiert une vigueur extraordinaire ; celle d'Aubenas dans le département de l'Ardèche, celle enfin du mont Joli en Auvergne. Le gaz acide carbonique se trouve encore dans les galeries de certaines mines de houille, dans quelques caves et quelques puits où sa présence explique les asphyxies si fréquentes et si funestes qu'on y remarque. Il existe dans les eaux gazeuses soit à l'état de liberté (Seltz, Soultzmatt, Saint-Galmier), soit à l'état de combinaison formant des *bicarbonates de chaux, de soude, de magnésie, de potasse, de fer, de manganèse, de cobalt, de nickel, d'ammoniaque, de strontiane, de cuivre, de lithine* (Vichy, Chateldon, Mont-Dore, Saint-Nectaire, Saint-Allyre) (1). Les eaux de cette dernière fontaine, située dans un faubourg

(1) Les sources de ces quatre dernières localités ont été analysées avec un soin tout particulier par M. Jules Lefort.

de Clermont-Ferrand, sont chargées surtout de carbonates de chaux en dissolution et de substances magnésiennes qui se précipitent à l'air libre et dont les dépôts successifs paraissent exercer une action pétrifiante sur les objets qu'elles baignent. Ces eaux, en tombant sur des plantes, sur des oiseaux empaillés, sur des grappes de raisins, les recouvrent bientôt d'une croûte ou couche calcaire, et l'industrie locale exploite ces incrustations de la fontaine pétrifiante en les débitant sous forme de médailles, de chapelets, et autres objets naturels ou artistiques.

La présence de l'acide carbonique est nécessaire dans les eaux naturelles pour les rendre nutritives et digestives, pour favoriser les fonctions gastriques et les maintenir dans une disposition utile au développement et à l'équilibre de l'action vitale.

A l'état de combinaison saline, l'acide carbonique est répandu dans la nature en masses énormes, allié avec la chaux, la strontiane, la baryte, le fer, la soude, etc. Il est toujours prêt à abandonner ses bases lorsqu'on agit sur elles soit par le calorique, soit par un acide plus puissant.

Il n'est ni combustible, ni comburant et par conséquent est impropre à la respiration. Sa densité relative, 1,529, le tient longtemps près du sol, et comme il se dégage par la combustion en quantités énormes, il est facile de s'expliquer les nombreuses asphyxies qu'il occasionne, son absorption par les voies respiratoires empêchant l'air de fournir aux poumons la quantité d'oxygène nécessaire à la combustion humide qui entretient la chaleur vitale et régénère le sang.

A l'état libre, c'est un gaz incolore, sans odeur et presque sans saveur. Il rougit d'une manière plus ou moins rapide les couleurs bleues végétales. L'eau en dissout, à la température et à la pression ordinaires, un volume égal au sien ; — cette quantité augmente suivant la pression qu'on lui fait subir et le degré du froid qu'on produit. Sa saveur est alors piquante et d'un goût aigrelet particulier. Il devient ainsi un bon dissolvant du fer, sur lequel il n'agit que peu à l'état libre.

La science et l'industrie ont grandement mis à profit, comme nous le verrons, ces différentes propriétés, soit dans la fabrication des boissons gazeuses, soit dans d'autres applications. La physiologie ayant déterminé l'action digestive de l'acide carbonique et la propriété remarquable qu'il possède d'agir sur la sensibilité, l'hygiène et la thérapeutique ont trouvé en lui un de leurs agents les plus salutaires.

Pour obtenir ce gaz artificiellement, on décompose un carbonate par la chaleur, ou l'on préfère plus généralement faire agir un acide sur un carbonate. Le procédé le plus économique consiste à mettre en présence d'un carbonate de chaux, craie ou marbre, l'acide sulfurique ou l'acide chlorhydrique étendus d'eau. Mais lorsque les manipulations doivent être faites par des mains inexpérimentées, il convient d'employer des acides moins énergiques et des carbonates alcalins plus facilement attaquables ; ainsi l'on fait réagir le bicarbonate de soude et l'acide citrique ou l'acide tartrique en présence de l'eau. L'emploi de ces acides, quoique moins économique, offre l'avantage immense d'une manipulation commode, facile, et sans danger aucun.

Le gaz acide carbonique ainsi obtenu, on n'a plus qu'à le recueillir et à appliquer, pour la saturation des liquides, les principes découverts ou posés par Bergmann et Venel.

CHAPITRE III

Fabrication de l'eau de Seltz. — Appareil intermittent, dit de Genève. — Appareil continu, dit de Bramah. — Appréciation des deux systèmes.

La découverte de l'eau de Seltz artificielle, due à la connaissance des propriétés de l'acide carbonique, ne donna pas, dès l'origine, tout ce qu'elle a tenu depuis. Jusqu'en 1780, les méthodes de fabrication, fort défectueuses d'ailleurs, n'existaient que dans des notes ou mémoires disséminés dans divers recueils.

Le docteur Duchanoy, régent de la Faculté de Paris, fit alors paraître son *Essai sur l'art d'imiter les eaux minérales*, et indiqua un procédé d'une grande simplicité qui, malgré ses imperfections et son peu de puissance, donna un premier essor à cette industrie.

L'acide carbonique était produit dans un

flacon à deux tubulures, par la réaction de l'huile de vitriol très-affaiblie sur de la craie en poudre. Un flacon plein d'eau ou un tonneau, suivant la quantité de liquide qu'on voulait saturer, recevait le gaz ainsi produit; et l'on en favorisait la dissolution par une agitation répétée.

La publication du docteur Duchanoy eut une grande influence; des établissements se fondèrent pour la fabrication des eaux minérales artificielles. Genève posséda le plus remarquable dont le propriétaire, M. Gosse, expédiait dès 1798, plus de 40,000 bouteilles d'eau de Seltz par an, quantité relativement fort grande pour l'époque.

L'appareil, dont se servait cet habile pharmacien, contenait tous les organes nécessaires à une bonne fabrication, mais compliqués, mal disposés et fonctionnant d'une manière assez défectueuse, comme il arrive à l'origine de toutes les inventions auxquelles des tâtonnements et des essais successifs peuvent seuls apporter les perfectionnements désirables. Il se composait :

1° D'un appareil producteur d'acide carbonique ;

2° D'un tonneau laveur ;

3° D'un gazomètre ;

4° D'une pompe aspirante et foulante ;

5° D'un récipient contenant l'eau qu'on voulait charger de gaz.

Le producteur était composé d'un vase en plomb qui recevait la craie délayée dans l'eau en bouillie très-claire. Un second vase, également en plomb, le surmontait et contenait l'acide qu'on versait peu à peu sur la craie au moyen d'un tube muni d'un robinet. Un second tube latéral établissait l'égalité de pression entre les deux vases. Un agitateur, muni d'une manivelle et armé de palettes, traversait perpendiculairement ces vases et activait la production du gaz en aidant la dissolution du blanc. Au sortir du producteur, l'acide carbonique s'emmagasinait dans un gazomètre; une pompe aspirante et foulante venait l'y puiser et le comprimait dans un récipient en forme de tonneau, qui contenait la quantité d'eau qu'on voulait saturer.

Un manomètre indiquait la pression en atmosphères; un agitateur aidait la dissolution du gaz.

Lorsque la saturation était arrivée à un degré convenable, on soutirait l'eau gazeuse et, toute l'eau du récipient soutirée, l'on recommençait une nouvelle opération. Ce temps d'arrêt forcé et nuisible dans la marche de la production fit nommer ces appareils *à fabrication interrompue.* C'était un de leurs inconvénients; un second non moins radical consistait dans l'inégalité de saturation de l'eau aux différentes époques du tirage. Au fur et à mesure que le tirage avançait, le gaz trouvant un espace vide plus grand, se dégageait, et les dernières bouteilles étaient à peine acidules. On pouvait bien pallier jusqu'à un certain point ce défaut en continuant à amener du gaz dans le récipient; mais tout ce gaz comprimé était perdu lorsqu'il fallait emplir de nouveau le tonneau saturateur, et la dépense devenait considérable. Un perfectionnement immense, imaginé par Bramah, devait plus tard créer une méthode nouvelle, et faire délaisser le système de Genève, qui apporta toutefois un développement fort grand à l'industrie.

Un associé de M. Gosse, Paul (de Genève), établit, en 1798, un appareil semblable à celui que nous venons de décrire, et créa dans l'hôtel d'Usès, rue Montmartre, un établissement où furent imitées non-seulement les principales eaux minérales de France, mais encore celles des autres pays et spécialement les eaux minérales de Sicile et de Naples. L'année suivante, Paul ouvrit l'établissement de Tivoli qui, brillamment dirigé par M. Triayre, son associé, puis par M. Jurine, fut cédé en 1820 à M. Andeoud.

Le succès de Tivoli et le goût croissant que montrait le public pour les eaux gazeuses, allait enfin faire naître la concurrence sérieuse et avec elle le progrès. En 1820, MM. Planche, Boullay, Boudet, Cadet et Pelletier fondèrent l'établissement du Gros-Caillou qui combat vaillamment encore pour soutenir sa vieille réputation. Un ingénieur anglais, Bramah, venait, en inventant un appareil à *fabrica-*

tion continue, de remédier à tous les inconvénients qu'on reprochait au système de Genève. Les nouveaux associés firent venir de Londres un appareil construit par Bramah lui-même et l'installèrent dans leurs ateliers du Gros-Caillou où il fonctionne encore. C'est sur ce modèle, plus ou moins modifié et perfectionné, que se sont construits depuis tous les appareils à fabrication continue.

L'appareil de l'ingénieur anglais se compose, comme l'appareil de Genève, d'un producteur de gaz, de tonneaux laveurs, d'un gazomètre, d'une pompe aspirante et foulante et d'un récipient saturateur muni d'un manomètre et dans lequel fonctionne un agitateur à palettes. Ce récipient a de plus un niveau d'eau formé d'un tube de cristal, et une soupape de sûreté. Les inventions et les perfectionnements apportés par Bramah consistent dans la pompe et dans la disposition et le jeu des différents organes qui composent l'appareil saturateur.

Le récipient et ses accessoires sont supportés, avec la pompe, sur une seule colonne en fonte. La pompe est commandée par une bielle à fourche articulée sur l'arbre d'un volant, qui met en même temps en jeu, au moyen d'un engrenage, l'agitateur à palettes du saturateur. Le volant est mû à bras ou par la vapeur, suivant la puissance de l'appareil ou la force dont on peut disposer.

Cette pompe aspirante et foulante, amène, à l'aide d'un robinet régulateur à double ouverture et dans les proportions nécessitées par la marche de l'opération, l'eau et le gaz dans le récipient saturateur. Comme elle remplace ainsi l'eau et le gaz à mesure que le robinet du tirage débite le liquide saturé, la fabrication ne s'interrompt jamais, circonstance qui — par opposition avec le système de Genève — a valu à l'appareil de Bramah le nom *d'appareil à fabrication continue.* De plus, la pompe maintenant toujours une quantité égale de gaz dans le récipient, l'eau qui jaillit dans les bouteilles est saturée au même degré à toutes les époques de la fabrication.

Une description abrégée du mécanisme de la pompe fera plus facilement comprendre la marche de l'appareil. Elle se compose d'un premier corps de pompe dans lequel fonctionne un piston; ce corps de pompe communique avec deux chambres où manœuvrent deux billes qui, jouant le rôle de soupapes, s'abaissent ou s'élèvent alternativement d'après le jeu du piston. Ces chambres communiquent elles-mêmes, au moyen d'un robinet régulateur à double échancrure, avec deux tuyaux ou conduits, qui puisent, l'un l'eau destinée à être saturée dans un réservoir, l'autre l'acide carbonique du gazomètre, lorsque le piston fait le vide. Le mélange, ainsi introduit dans les chambres, en est chassé par un nouveau coup de piston qui, agissant en sens contraire sur les billes soupapes, le refoule dans un conduit l'amenant au récipient saturateur. Il se succède ainsi une série de phénomènes qui caractérisent le jeu des pompes et des soupapes ordinaires, la pression s'établit et augmente rapidement. On règle le robinet régulateur d'après le nombre d'atmosphères marqué au manomètre et la hauteur indiquée au niveau d'eau, en mettant l'aiguille sur la division du cadran indicateur qui correspond à la quantité d'eau ou de gaz qu'on veut faire arriver dans le récipient. Le manomètre doit ordinairement marquer une pression de huit à douze atmosphères ; si la pression est plus forte, la soupape de sûreté joue et laisse échapper l'excédant du gaz ; si elle est trop faible, on règle le robinet en tournant l'aiguille de manière à faire arriver une quantité plus grande d'acide carbonique. Si le niveau d'eau marque que le liquide n'est pas en proportion suffisante, on tourne l'aiguille de façon que le robinet laisse à l'eau un plus large passage.

Tandis que la pompe fonctionne, les ailes de l'agitateur — mû par l'arbre du volant à l'aide de l'engrenage que nous avons indiqué — fouettent le liquide et aident sa prompte saturation. Un tuyau en étain le conduit au robinet du tirage ; on n'a plus qu'à entretenir la production du gaz, à veiller à la marche régulière de la pompe ; et la fabrication se continue indéfiniment d'une manière normale, produisant une quantité constante de liquide, toujours également saturé.

Une communication étant établie entre la soupape de sûreté et le gazomètre, tout le gaz qui s'échappe du récipient se rend dans le réservoir ; on n'a ainsi à supporter nulle perte d'acide carbonique.

De cette description résumée des appareils de Genève et de Bramah, on peut facilement déduire les inconvénients et les avantages de chaque système. Il est évident que le second est le seul qui puisse servir à une fabrication un peu étendue, aussi est-ce celui-là que les fabricants et les constructeurs s'appliquent à perfectionner. Mais il ne répond pas aussi bien aux besoins d'une production restreinte : son prix élevé, son emménagement et ses manœuvres difficiles, l'empêcheront toujours d'être employé dans ce cas.

De plus, les appareils continus sont peu propres à la fabrication des eaux minérales factices, proprement dites. La préparation de beaucoup d'eaux bicarbonatées, calcaires ou magnésiennes, exige, pour être bien exécutée, un séjour assez prolongé de l'acide carbonique sur les carbonates terreux qui doivent passer à l'état de bicarbonates solubles : ce qui ne peut avoir lieu dans les saturateurs de Bramah. Tous les liquides ne pourraient d'ailleurs supporter, comme l'eau pure, le fouettement violent et rapide d'un agitateur ; excellents pour la fabrication de l'eau de Seltz ordinaire, les appareils continus se trouvent ainsi fort impropres à la fabrication des boissons gazeuses composées.

Chaque système est donc appelé à rendre d'éminents services ; loin de s'exclure, ils se complètent ; c'est à celui qui veut les appliquer, d'apprécier lequel des deux sera le plus convenable et le plus utile à son exploitation.

Sans doute chaque système a son côté faible et insuffisant ; mais le progrès ne s'obtient que par des expériences successives. Le mieux n'est qu'une conquête éternelle à faire, et l'homme, qui y ajoute chaque jour quelque chose, si minime que soit son apport, mérite l'estime et la reconnaissance de ceux qui profitent de ses efforts et de son intelligence.

CHAPITRE IV

Perfectionnements apportés aux appareils à fabrication intermittente et à ceux à fabrication continue. — Gazogène Briet.

Les établissements de Tivoli et du Gros-Caillou avaient répandu le goût des boissons gazeuses. On chercha à améliorer les qualités du produit, à en varier le goût, à appliquer les appareils à la fabrication des boissons d'agrément ; les premières limonades gazeuses parurent dans les cafés. L'eau de Seltz, débarrassée de tous les principes salins qui entrent dans l'imitation de l'eau minérale naturelle, devint une boisson ordinaire plus agréable et plus salutaire que l'eau pure ; elle se mêla au vin des repas, et aux sirops rafraîchissants, sans qu'aucune préoccupation hygiénique l'eût conseillée ou prescrite.

On comprit que la consommation lente pendant les trois quarts de l'année deviendrait impérieuse et exigeante pendant les quelques mois d'été, et on chercha à produire vite et par quantités considérables ; au besoin on appela la vapeur, puissance encore nouvelle, pour suppléer au bras de l'homme. Les uns s'attachèrent à perfectionner le système de Genève, les autres, plus nombreux, celui de Bramah.

MM. Vernant et Barruel supprimèrent la pompe foulante, qui amenait l'acide carbonique dans l'appareil intermittent et comprimèrent le gaz dans l'eau par sa propre pression. Ils remplacèrent le tonneau saturateur et son agitateur par un cylindre en cuivre étamé, pouvant facilement osciller sur deux tourillons, et porté sur une sorte de tréteau en bois résistant. Un tonneau producteur avec agitateur et manomètre, surmonté d'une boule à acide sulfurique communiquant avec lui par deux robinets, fournissait le gaz qui passait dans deux tonneaux laveurs pour arriver au cylindre saturateur.

M. Savaresse vint après eux, et suivant la loi ordinaire des choses, modifia, simplifia, et perfectionna le système de ses deux devanciers. Son but était de réunir dans un petit espace, tous les organes de l'appareil de fabrication, et d'en rendre la manœuvre simple et facile. Il conserva le cylindre saturateur, remplaça les tonneaux laveurs par deux cylindres en fonte de dimensions fort réduites, en munissant le premier d'un manomètre à mercure. Le gaz est produit dans un vase en plomb généralement de forme sphérique, muni d'un agitateur ; on y met la quantité d'acide sulfurique étendu d'eau, proportionnée à la quantité de gaz que l'on veut obtenir. La craie, sous forme de cartouche, est contenue dans un tube en fonte qui surmonte le producteur et y arrive suivant les besoins, par le jeu d'un obturateur. Des robinets d'embouteillage complètent le système dont toutes les pièces sont réunies sur un seul banc ou bâti en bois de dimensions restreintes.

Ce système est fort simple, mais il a les

qualités et les défauts du système de Genève. L'avenir de la fabrication en grand repose toujours sur les appareils de Bramah.

Les appareils de Bramah — qui sortent encore à Londres des ateliers de M. Taylor tels, à peu près, que les inventa l'habile ingénieur — ont reçu en France des perfectionnements que l'on pourrait croire arrivés aujourd'hui aux dernières limites. MM. Soligue et Viel-Casal, MM. Stévenaux, Ozouf, et une foule d'autres habiles constructeurs y ont apporté d'heureuses modifications, des perfectionnements, que nous ne saurions mentionner ici, ne pouvant présenter de leurs appareils une description suffisante pour faire ressortir les mérites qui les distinguent et les défauts qui doivent en disparaître. Les métaux ont remplacé le bois un peu trop prodigué dans les premiers temps ; les tuyaux et les glaçages en plomb ou en étain plombifère ont disparu ; les tonneaux laveurs ont été remplacés par des cylindres en cuivre étamé ; le récipient saturateur a reçu des formes mieux appropriées à ses fonctions ; la pompe surtout a reçu de grands perfectionnements. La puissance de production a considérablement augmenté en même temps que la manœuvre et le fonctionnement de tous les organes de l'appareil devenaient plus faciles et plus sûrs. La vapeur enfin a décuplé la production sans qu'il lui soit encore possible aujourd'hui de satisfaire en certains jours les besoins de la consommation.

Les perfectionnements marchèrent aussi nombreux et aussi rapides pour les accessoires des appareils proprement dits.

La bouteille était seule employée dans le principe ; mais le bouchon envolé, le liquide se précipite à flots, le gaz disparaît et le dernier verre d'eau qu'elle donne est à peine acidule. Puis l'embouteillage, le bouchage, la pose de la ficelle sont autant d'opérations compliquées qui, malgré les ingénieux appareils inventés pour les faciliter, exigent une certaine main-d'œuvre et ralentissent un peu la fabrication. On inventa le bouchage siphoïde ou le siphon. Une carafe en cristal, de forme élégante, est fermée par une capsule en étain, solidement fixée autour de son goulot et dans laquelle fonctionne une soupape, fermée par un ressort métallique, et ouverte par le jeu d'un levier. Un tube en cristal, à l'extrémité duquel fonctionne la soupape, est adapté dans le goulot et plonge jusqu'à quelques millimètres du fond du vase. Lorsque le doigt appuie sur le levier, la soupape s'ouvre et le liquide, poussé par la pression du gaz, se précipite par le tube, et jaillit par le bec dont est pourvue la capsule siphoïde. Ce système, que l'habitude nous fait regarder comme si simple, est une des plus ingénieuses applications qu'ait su faire l'industrie des lois de la science.

Pour remplir le siphon, il a fallu inventer un appareil non moins ingénieux. Il consiste en une colonne en fonte creuse dans laquelle joue une tige mobile, mue par une pédale, et supportant un porte-siphon, sur lequel on place renversé le vase qu'on veut emplir. Une cuirasse enveloppe le siphon et protége l'ouvrier contre toute explosion. On appuie le pied sur la pédale et le bec du siphon vient s'engager hermétiquement dans la bague ou (en terme de métier) le *nez du robinet* de l'embouteillage. La main gauche fait mouvoir une bascule qui, appuyant sur le levier, ouvre la soupape du siphon ; de l'autre main, on ouvre, en tournant la clef, le robinet du tirage et l'eau gazeuse se précipite dans le vase. La pression qui s'établit égalant bientôt celle qui règne dans le saturateur, l'arrivée du liquide s'arrête et le siphon resterait à moitié vide, si l'on ne manœuvrait le dégorgeoir ménagé dans le bec d'embouteillage, et par lequel s'échappe une partie du gaz contenu dans le siphon. On ouvre de nouveau le robinet, le liquide se précipite aussitôt, le siphon est rempli : quelques secondes ont suffi pour toute l'opération. Le clissage employé pour les appareils gazogènes ajoute parfois sa solidité et son élégance aux vases siphoïdes.

Ces appareils sont, on le voit, bien loin de ceux qui servirent aux premiers essais ; un progrès immense a été accompli. La production s'est en même temps développée, et aujourd'hui la fabrication de l'eau gazeuse est une industrie considérable.

Quinze millions de siphons ou de bouteilles ont été livrés en 1860 par divers fabricants à la consommation. Rien n'arrêtera sa marche rapide, et l'on ne s'avance pas beaucoup en assurant que, dans peu, chaque habitant de la grande ville boira, pendant les trois mois d'été, quotidiennement sa bouteille d'eau gazeuse. On doit grandement se féliciter d'un tel résultat; l'eau de Seltz est peut-être la seule boisson rafraîchissante, qui ne fasse payer par aucun inconvénient la sensation agréable que sa fraîcheur et sa saveur piquantes procurent à l'organe du goût, et dont l'action sur l'organisme soit au contraire des plus bienfaisantes.

La fabrication en grand a donc son rôle et sa place marquée dans les grandes villes, elle seule peut subvenir aux besoins sans cesse renaissants des grands centres de population, pour lesquels les perfectionnements apportés dans les procédés de fabrication ont été un véritable bienfait. Mais, si la consommation de l'eau de Seltz se fût bornée dans ces limites, les services rendus par les boissons gazeuses n'eussent pas approché de ceux qu'on était en droit d'attendre d'une telle découverte.

Il fallait que leur usage se répandît dans les familles, que l'habitant des campagnes pût aussi bien que celui des villes demander à l'eau acidulée par l'acide carbonique de lui fournir une boisson à la fois agréable et hygiénique ; que l'habitude prise pendant un court séjour dans les grands centres ne devînt pas une cause de privations ou d'excessives dépenses dans les localités un peu isolées. Il fallait surtout, que les familles obligées par leur aisance modeste de calculer les dépenses les plus essentielles, pussent faire entrer dans leur consommation journalière une boisson aussi salubre.

Il était donc aussi urgent qu'utile pour tout le monde de trouver un moyen de fabriquer en petit et proportionnellement aux besoins de la consommation individuelle. Ce moyen, les appareils gazogènes Briet le fournissent. Ils sont de dimensions variées, en rapport avec les résultats que l'on veut obtenir, produisant depuis une bouteille jusqu'à huit. Leur système, non moins simple qu'ingénieux, permet d'obtenir économiquement et rapidement de l'eau gazeuse en petite quantité.

Cet appareil, qui a conquis son droit de cité dans les familles, les hôpitaux, et dans tous les établissements publics, se compose de deux vases réunis au moyen de douilles à vis et communiquant à l'aide d'un tube obturateur.

Le plus grand vase en cristal très-résistant remplit l'office de carafe et de saturateur. Le second vase moins grand que le premier sert de producteur ; il est aussi en cristal très-fort et reçoit le nom de boule. C'est elle qui contient le mélange des deux poudres — bicarbonate de soude et acide tartrique — destinées à produire un dégagement de gaz acide carbonique.

Ces deux vases sont entourés d'un clissage en rotin fait pour prévenir les explosions et arrêter les projectiles du verre dans le cas où l'appareil viendrait à se briser. Chacun d'eux est garni d'une douille en étain très-pur, coulée sur le verre et non plus collée comme cela avait lieu dans l'origine.

Quant à la partie qu'on nomme boule, elle est soudée à un pied en porcelaine et sa douille est armée d'un robinet d'étain par où s'échappe l'eau gazeuse.

L'acide tartrique et le bicarbonate de soude sont les substances ordinairement employées pour produire le gaz acide carbonique. Leurs proportions sont les suivantes : acide tartrique, 17 à 18 grammes, bicarbonate de soude 21 à 22 grammes pour l'appareil ordinaire ; ce mélange donne cinq litres de gaz acide carbonique.

Pour empêcher toute perte et tout dépôt des poudres, le mélange est introduit dans la boule par un petit entonnoir, et cette opération faite, on place le tube obturateur dans le goulot de la boule qu'il ferme parfaitement.

Ce petit appareil obturateur fort ingénieux se compose d'un tube en étain pur, parfois en cristal ou en porcelaine, qui établit la communication entre les vases. Sa partie inférieure est adaptée dans une boîte cylindrique creuse, se fermant à vis et percée de plusieurs trous. Un petit crible en argent entoure le tube et forme la partie supérieure du cylindre. Une virole en caoutchouc autour de laquelle on enroule un fil de coton pour qu'il joigne mieux dans le goulot de la boule, est adaptée à ce cylindre qui remplit très-simplement des fonctions fort complexes. Lorsqu'il est placé dans l'ouverture de la boule chargée du mélange des poudres, on retourne celle-ci, et, plongeant le tube dans la carafe remplie préalablement d'eau pure, on visse complétement les deux douilles et on remet l'appareil sur son pied de porcelaine.

L'eau qui se trouve en excès dans la carafe dépassant alors le tube vertical, descend par celui-ci dans le cylindre, jaillit, par les trous qui le percent, dans la boule, et amène la dissolution des poudres. Aussitôt la réaction commence, et le gaz, en passant par le crible en argent, se tamise en globules innombrables qui traversent la masse entière du liquide à saturer.

Le gaz, en se divisant dans l'eau, s'y dissout en partie ; la pression que sa production successive exerce sur lui-même, augmente cette dissolution, et on aide puissamment à la saturation de l'eau, en imprimant à l'appareil, à deux ou trois reprises, de 5 en 5 minutes, des mouvements brusques, saccadés. « La « pression, dit le savant rapporteur de « l'Académie de médecine chargé de rendre « compte de l'appareil à M. le ministre du « commerce, atteint, avant d'avoir agité l'ap- « pareil, 6 atmosphères ; mais à mesure qu'on « agite, le gaz se dissout et la pression se « réduit à 3 atmosphères. » La quantité de gaz, qui n'opère plus alors la pression au-dessus du liquide, est dissoute dans l'eau et augmente sa saturation.

Ce fait que relate et décrit si bien le rapporteur explique pourquoi l'eau gazeuse jaillit moins rapidement des appareils Briet que des siphons emplis à l'aide des compressions artificielles produites par la pompe. L'eau sort du siphon impétueuse et bouillante, poussée par une pression d'environ 8 à 10 atmosphères, et le dégagement du gaz, s'opérant brusquement sous la pression atmosphérique, fournit un pétillement instantané qui s'éteint dans le verre, du siphon à la bouche.

L'eau de Seltz, fournie en siphons par certains fabricants, offre souvent un goût crayeux désagréable, que lui communique le gaz préparé par l'action d'un acide sur un carbonate de chaux, lorsque ce gaz n'a pas été convenablement lavé; cet arrière-goût peut être et est, en effet, complétement évité par une fabrication soignée ; avec l'appareil Briet, en tout cas, il ne peut jamais se produire, et l'eau de Seltz possède une saveur simplement et franchement acidule.

Les gazogènes offrent d'ailleurs le même avantage que les siphons ordinaires : le dernier verre d'eau de Seltz qui en jaillit, contient — d'après les expériences faites — une quantité d'acide carbonique aussi grande que le premier.

Le tube, qui est l'âme de l'appareil Briet, est, nous l'avons dit, presque toujours en étain anglais, métal aussi sain que l'or et l'argent. Cependant, pour donner satisfaction à des scrupules sans motifs, MM. Mondollot ont cherché à établir un tube composé d'une matière non métallique, et sont parvenus à fabriquer des obturateurs semblables, comme système, à ceux que nous avons décrits, mais composés d'un cylindre en porcelaine et d'un tube en porcelaine ou en cristal, le tout réuni par le filtre d'argent. Un troisième tube entièrement en porcelaine, d'un système un peu différent des deux autres, peut remplir les mêmes fonctions. Ces tubes sont très-solides et très-élégants.

Des raisons d'économie ont souvent inspiré à des propriétaires d'appareils Briet l'idée de remplacer l'acide tartrique par des bisulfates de potasse et de soude ou par l'acide sulfurique étendu d'eau. Ce dernier acide est celui qui réalise le mieux l'économie —

suivant nous mal entendue — qu'on cherche ; mais sa manipulation présente, surtout pour les personnes qui n'en ont pas l'habitude, des dangers réels. M. Garnaud a tâché de les faire disparaître par l'invention d'un petit appareil fort ingénieux qu'il nomme *porte-acide Garnaud*, avec lequel les médecins, pharmaciens et chimistes peuvent fabriquer de l'eau de Seltz, à un prix des plus minimes.

Ce petit instrument consiste en un tube de cristal bouché à l'émeri par un bouchon percé à son centre d'un trou capillaire, permettant de renverser l'instrument rempli, sans crainte que le bouchon ou le liquide s'échappe. Il est soudé sur la partie inférieure percée de trous et mobile du tube Briet. Lorsque l'appareil est vissé et retourné, le porte-acide commence à fonctionner. L'acide sulfurique plongeant alors dans un liquide moins dense, et n'étant plus retenu par la pression atmosphérique, s'échappe d'une manière continue et vient décomposer le bicarbonate de soude en produisant un dégagement de gaz acide carboniqne uniforme et régulier.

Avant que le porte-acide Garnaud vînt régulariser l'emploi de l'acide sulfurique dans les gazogènes Briet, il arriva, dans les hôpitaux, par négligence ou maladresse, que ceux qui chargeaient les carafes laissaient tomber l'acide sur le rotin protecteur. Celui-ci une fois altéré ne maintenait plus suffisamment le verre, lorsqu'il était soumis à la pression de charges trop considérables augmentées encore par le dégagement de chaleur que produit le mélange d'une certaine masse d'acide sulfurique à l'eau et au bicarbonate de soude. Quelques explosions malheureuses donnèrent à MM. Mondollot l'idée de faire soumettre les appareils Briet à des expériences dirigées par le savant professeur dans le service duquel l'accident était arrivé, et faites sous ses yeux. Les appareils furent chargés jusqu'à cinq doses, et supportèrent, pendant vingt-quatre heures, une pression de 14 atmosphères et demie.

En présence de ce fait, la solidité et la résistance de l'appareil Briet ne pouvaient plus être mises en doute; il fut admis sans concurrence dans les hôpitaux. Il règne en maître sur les tables bourgeoises; son aspect gracieux, sa forme élégante l'ont fait adopter presque partout. Il est aujourd'hui peu de maîtresses de maison qui ne comptent un de ces appareils précieux parmi les ustensiles indispensables du ménage.

La fabrication des eaux minérales artificielles et des autres boissons gazeuses est d'ailleurs un agrément pour celui qui confectionne de ses propres mains le produit gazeux qu'il se dispose à consommer, et ce n'est pas un des moindres motifs de la faveur générale qui a pris les gazogènes Briet sous sa protection. De plus, cet instrument, si simple et si complet en même temps, peut servir avec tout autant de certitude et d'efficacité à la confection de tous liquides gazeux médicinaux appropriés aux tempéraments, aux maladies, aux conditions climatériques sur lesquels et au milieu desquels ils sont appelés à agir.

L'appareil Briet offre à la thérapeutique

les ressources les plus précieuses. Il est commode, pratique, peu coûteux et de facile entretien. En dotant les familles de son gazogène, Briet rendit à l'hygiène un véritable service. Habilement modifié, son appareil, déjà si utile, reçoit encore, entre les mains de ses successeurs, de nouvelles applications que nous allons mentionner.

CHAPITRE V

Appareil anesthésique. — Gazogène Mondollot. — Nouvel appareil d'embouteillage sans colonne ni pédale.

A la fin du dernier siècle, quelques médecins anglais, Ingenhousz, Beddoes Werther, etc. s'occupèrent de l'application à la thérapeutique des divers gaz, dont la découverte récente avait été pour la chimie le commencement d'une ère nouvelle; mais, malgré quelques succès légitimes, ce genre de traitement tomba devant la résistance opiniâtre que la routine oppose toujours à tout progrès qui tend à la pousser hors de ses habitudes. Ces essais étaient presque oubliés, lorsqu'en 1834, M. Mojon de Gênes proposa des douches d'acide carbonique comme très-propres à combattre les douleurs vives qui affectent trop souvent les femmes d'une santé peu régulière. Des tentatives semblables furent faites en Allemagne ; les effets anesthésiques de l'acide carbonique furent constatés : on reconnut que son application, moins dangereuse que celle du chloroforme, produisait des résultats plus salutaires ; et bientôt il exista, dans toutes les stations thermales riches en acide carbonique, des établissements où l'on fit usage de ce gaz, en bains, en douches et même en inhalations.

Ces faits étaient connus en France, mais la difficulté de se procurer les quantités nécessaires d'acide carbonique, dans les lieux mêmes où il devait être appliqué, empêcha longtemps la pratique médicale de faire usage de ce précieux agent. Cependant, grâce aux recherches de M. Herpin (de Metz), aux laborieux efforts de M. Fallin, aux heureuses tentatives de MM. Demarquay et de M. Guépin, de Nantes, nos établissements sanitaires ne le céderont bientôt en rien à ceux de l'Allemagne ; des salles vont y être disposées pour l'application médicale de l'acide carbonique.

Les premiers essais furent faits avec le gazogène Briet ; on le chargeait d'un nombre proportionné de doses, et le gaz pris à sa sortie du robinet était conduit par un tuyau élastique sur la partie malade. L'insuffisance d'un appareil destiné pour un autre usage frappa bientôt MM. Mondollot frères, et, voulant seconder autant qu'il était en eux, les efforts de MM. Demarquay et Guépin, ils construisirent un appareil anesthésique, qui permet d'administrer, de la manière la plus facile, les douches et les bains d'acide carbonique, et peut en fournir une quantité suffisante pour les besoins d'une salle d'inhalation.

Cet appareil se compose d'une carafe en cristal, garnie d'une douille en étain qui se visse à une douille semblable, liée elle-même à une boule de verre très-forte. Ces deux récipients sont recouverts d'un clissage en rotin, et ils communiquent à volonté au moyen d'une valve qu'on ouvre par un robinet.

La boule contient du bicarbonate de

soude, la carafe de l'acide sulfurique étendu d'environ son volume d'eau. Un manomètre adapté à l'appareil indique la pression, un robinet laisse écouler le gaz acide carbonique. L'opération a lieu ainsi : on fait d'avance un mélange de 150 grammes d'eau et 200 grammes d'acide sulfurique, qu'on laisse refroidir et qu'on verse ensuite dans la carafe. On place dans la boule 300 grammes de bicarbonate de soude granulé, et l'on visse cette partie de l'appareil sur la carafe, qui se trouve ainsi, contrairement à ce qui a lieu dans le gazogène, supporter la boule. On ouvre la valve et on laisse tomber du bicarbonate de soude ; la dissolution a lieu : le gaz se dégage et le manomètre monte rapidement à 4 atmosphères. On ouvre le robinet d'écoulement, et, à l'aide d'un tuyau élastique muni d'une canule, on dirige avec facilité le jet d'acide carbonique. Quand le manomètre baisse, on ouvre la valve et l'on fait descendre avec ménagement le bicarbonate de soude. Avec les doses que nous avons indiquées, on peut obtenir jusqu'à 40 litres de gaz acide carbonique.

Cette quantité considérable de gaz fourni par l'appareil anesthésique, et la possibilité d'augmenter ses charges sans difficulté et sans danger aucun, devaient amener l'appropriation d'un nouvel ensemble d'organes à la fabrication des boissons gazeuses, et destiner cet appareil à rendre des services presque aussi grands que ceux qui ont valu au gazogène Briet sa réputation.

Jusqu'à ces derniers temps en effet, les gazogènes et les appareils anesthésiques pouvaient bien suffire à la consommation individuelle et aux besoins des traitements médicaux, mais là se bornait leur puissance.

Ils ne pouvaient fournir une quantité suffisante d'eau gazeuse pour subvenir aux besoins d'une localité dont la population, comme celle de la plupart de nos centres cantonaux, ne pourrait payer les frais de l'exploitation en grand.

Il y avait là, dans l'industrie, une lacune considérable ; l'eau de Seltz ne pouvait exercer son influence hygiénique et bienfaisante que dans les grandes villes, où les appareils continus les plus puissants ne peuvent suffire à la soif allumée par les grandes chaleurs, et dans les familles aisées pourvues d'un gazogène Briet. Pour faire disparaître cette lacune le problème était complexe et difficile. Il fallait un appareil, peu coûteux, peu embarrassant, d'une manipulation facile, donnant un gaz très-pur, une eau complétement saturée, et pouvant au besoin servir à la fabrication de tous les liquides gazeux.

Il fallait donc supprimer tous les organes dispendieux et embarrassants qui fonctionnent dans les appareils de grande fabrication, les pompes, les gazomètres, les laveurs, et modifier les appareils de tirage. Au point de vue de la simplicité, le système intermittent était seul admissible, mais affranchi alors du plus grand défaut que nous lui avons reproché : la saturation inégale de l'eau par l'acide carbonique aux différentes époques du tirage. Cet inconvénient venait de la grande capacité des récipients, qui laissait, vers la fin du tirage, un espace énorme à l'acide carbonique, qui tend toujours à se dégager de l'eau, et à la durée que nécessitait la mise en bouteilles ou en siphons du liquide saturé.

Voici comment a été résolu cet intéressant problème. Un cylindre en cuivre rouge étamé avec l'étain le plus fin à l'intérieur, d'une capacité de 10 litres, et muni de deux tourillons oscillant sur deux montants en fonte, sert de récipient saturateur. Une ouverture pratiquée à une de ses extrémités sert à le remplir d'eau ; on y visse ensuite, au moyen d'un écrou, un tuyau élastique qui le fait communiquer avec le robinet du tirage.

Un des tourillons est percé : un tuyau élastique s'y adapte par un écrou et met le saturateur en communication avec le robinet d'un générateur formé par l'appareil anesthésique ordinaire enfermé, pour plus de sûreté, dans une cage en fil de fer. Un tube en étain fin prend le gaz à son arrivée au tourillon, et le tamise dans l'eau à l'aide d'un crible en argent qui le termine.

Lorsque le récipient est rempli d'eau pure,

on ouvre le robinet distributeur de bicarbonate, puis le robinet qui fait communiquer le récipient avec l'appareil anesthésique, et l'on fait sortir une faible quantité d'eau par le robinet du tirage : alors l'opération commence. Lorsque le manomètre est arrivé à 9 ou 10 atmosphères, on agite vivement le récipient : la pression baisse aussitôt de 2 ou 3 atmosphères ; on répète ces oscillations, quand le manomètre est remonté à 10 atmosphères : il baisse encore, mais moins considérablement que la première fois, la dissolution du gaz étant moins grande dans l'eau déjà saturée. On laisse la pression monter de 10 à 12 atmosphères, on opère alors le tirage, en ayant soin de continuer la production du gaz, afin que la pression ne diminue pas sensiblement dans l'appareil, par suite du tirage du liquide, et que les derniers siphons n'aient pas perdu de leur force.

On comprend les avantages que peut donner l'application de cet appareil à la fabrication des boissons gazeuses, dans les maisons de santé et chez les pharmaciens obligés, presque toujours, de se pourvoir d'eaux minérales artificielles dans les fabriques spéciales, faute d'appareils d'une puissance proportionnée à la consommation, pour les produire.

Un dernier point restait à résoudre : les appareils de tirage ordinaire, supportés sur une colonne en fonte, et à pédale, sont fort chers et gênants. Un mécanisme peu coûteux et peu embarrassant les supplée de la manière la plus heureuse.

Il consiste en un porte-siphon, muni d'un levier, avec cliquet d'arrêt, qui soulève le siphon, fixe son bec dans la bague de l'entonnoir (le *nez du robinet* à embouteillage), et l'y maintient pendant le remplissage. De la main gauche, l'ouvrier fait alors mouvoir la bascule pourvue d'un petit rouleau qui ouvre le siphon par sa pression sur le levier de la soupape ; de la droite, il ouvre, en tournant la clef, le robinet de tirage pourvu d'un dégorgeoir, et l'emplissage a lieu aussi rapidement et aussi facilement que dans les tirages ordinaires. Une cuirasse en fil de fer, enveloppant le siphon, garantit l'ouvrier.

Un appareil d'embouteillage pour les bouteilles ordinaires complète l'ensemble des organes de fabrication. Il se compose d'un bec de tirage auquel MM. Mondollot ont adapté le robinet Briet, si simple et si commode, et d'un cône de bouchage dans lequel on place le bouchon au moment de remplir la bouteille. Une pédale à levier, soulevant le tampon sur lequel est posée la bouteille, maintient son goulot dans le bec d'embouteillage; l'ouvrier, garanti par une cuirasse qui enveloppe la bouteille, ouvre le robinet, le liquide saturé se précipite; mais bientôt la pression produite par l'air et le gaz comprimés arrête son arrivée; par un simple mouvement du pied sur la pédale, l'ouvrier dégorge alors la bouteille, puis rouvre le robinet et recommence une seconde fois la même manœuvre : la bouteille est alors suffisamment pleine. On enfonce le bouchon dans le goulot en agissant sur le levier du bouchage, puis, baissant la pédale, on dégage le goulot du bec du tirage, on amène le bouchon sur les bords du cône, et on l'y maintient pour ficeler aisément et sans aide.

Chaque organe de cet appareil : récipient, saturateur et appareils de tirage, est établi sur un petit banc de 30 sur 50 centimètres, et ils peuvent par conséquent prendre place dans les officines les plus resserrées. Rassemblés pour fonctionner, ils n'occupent pas ensemble un espace de plus d'un mètre à un mètre et demi de long sur 0m,30 de large.

Les siphons de forme si élégante, d'un mécanisme si simple et si solide, que chacun peut les réparer dans les rares cas où un accident fortuit y occasionne une détérioration, complètent les appareils de MM. Mondollot, pour la fabrication normale des boissons gazeuses.

Les pièces brisées s'y remplacent avec la plus grande facilité, et leur système de clissage fait disparaître tout danger d'explosion, alors même qu'ils seraient soumis à une pression double de celles qu'ils supportent d'ordinaire.

Il nous reste maintenant à étudier les différentes applications que les appareils de MM. Mondollot frères trouvent dans l'industrie et les services qu'ils peuvent rendre à l'alimentation et à l'hygiène publiques.

CHAPITRE VI

Applications thérapeutiques, pharmaceutiques et industrielles du gazogène Briet, de l'appareil anesthésique et du gazogène Mondollot.

Les appareils, que nous avons décrits, ont trouvé de nombreuses applications que nous allons tâcher de résumer. Chaque jour la science et l'industrie en découvrent de nouvelles ; nous indiquerons les principales, sans qu'il nous soit possible de remplir d'une manière complète le cadre tracé dans cet en-tête de chapitre. On ne peut en effet jamais prévoir l'avenir d'une invention : le besoin et les circonstances vont toujours la grandissant. La plus modeste peut devenir éminemment utile et rendre d'immenses services, lorsque des esprits pratiques et ingénieux s'en emparent et la développent.

Nous avons dit le rôle que joue en thérapeutique l'appareil anesthésique, et l'avenir auquel il est destiné. La Maison municipale de santé n'a déjà plus seule le privilége de son emploi, il fait aujourd'hui partie de cet ensemble d'appareils que les pharmacies normales mettent à la disposition des praticiens habiles, et l'expérience démontrant tous les jours les propriétés bienfaisantes de l'acide carbonique administré par une main intelligente, on peut prévoir le moment où il entrera dans l'inventaire pharmaceutique officiel. Là ne doivent pas se borner ses services. La science médicale en demandait de plus grands, que l'appareil gazogène Mondollot doit lui rendre de la manière la plus complète et la plus satisfaisante.

La fabrication consciencieuse des eaux minérales artificielles présente des difficultés d'autant plus grandes que la quantité qu'on veut produire est plus considérable. Il faut, en effet, lorsqu'elles doivent contenir un grand nombre de substances, de minutieuses manipulations, de nombreux dosages qui ne sauraient jamais être le fait d'une fabrication en grand qui doit produire beaucoup et rapidement. La dissolution des différents sels, pour être parfaite, l'action qu'ils doivent exercer les uns sur les autres exigent souvent un certain séjour dans le même récipient, et les appareils à fabrication continue ne peuvent être employés à leur production. Beaucoup d'entre eux ne supporteraient pas d'ailleurs le jeu de la pompe et de l'agitateur. La plupart des pharmaciens, réduits alors à les préparer bouteille par bouteille, sans autre moyen de les rendre gazeuses que d'y introduire des sels qui souvent dénaturent leur composition, renoncent à leur fabrication, au grand détriment de la santé publique, lorsque des établissements spéciaux ne peuvent les fournir.

Le nouvel appareil de MM. Mondollot fait disparaître tous ces inconvénients; il permet de saturer au degré convenable une quantité d'eau proportionnée aux besoins ordinaires et qui a été minéralisée de la manière la plus normale. Toutes les eaux acidules — et ce sont les plus nombreuses et les plus efficaces — pourront être préparées dans les officines les plus ordinaires et d'après les besoins indiqués par l'état sanitaire de la localité ou des différents malades.

Il est aujourd'hui parfaitement constaté qu'un excès de gaz rend les eaux ferrugineuses et les eaux salines moins rebutantes, plus digestives pour le malade, sans affaiblir leurs propriétés. La plupart des propriétaires de fontaines minérales ont le soin de charger de gaz leurs eaux au sortir de la source, et ils obtiennent ainsi des eaux mixtes plus salutaires que les eaux naturelles. Cet exemple, nous n'en doutons pas, sera bientôt imité par tous les établissements thermaux; on combattra ainsi les altérations qu'éprouvent dans leur constitution les eaux transportées au loin d'autant plus facilement que les gazogènes Mondollot peuvent fournir une quantité d'acide suffisante aux sources les plus abondantes.

L'invention de l'hydrofère a été accueillie comme un bienfait par la science médicale qui, grâce à lui, peut administrer, sans déplacement et presque sans frais, aux malades, des bains et des douches des eaux minérales les mieux appropriées aux affections qu'elle traite. On sait sur quel principe repose cet ingénieux appareil employé pour la première fois à l'établissement de Pierrefonds, et qui a donné des résultats si heureux et si concluants à l'hôpital Saint-Louis et dans les autres établissements hospitaliers de Paris. Un courant d'air, traversant le jet d'eau chauffée au degré voulu, la pulvérise, et fait couler sur le baigneur commodément assis dans une boîte disposée à cet effet, une nappe pluviale qui le mouille autant et agit mieux que si son corps était entièrement plongé dans une baignoire pleine du liquide. Quelques litres d'eau suffisent pour un bain d'une heure. Mais on est obligé, pour obtenir une pulvérisation suffisante, de comprimer dans un cylindre, à l'aide d'une pompe foulante, la quantité d'air nécessaire : ce qui exige l'intervention fatigante d'un aide occupé à la manœuvre du piston.

Avec le gazogène Mondollot, le même effet peut, être obtenu plus facilement d'une manière plus puissante, plus complète, et souvent plus efficace. En effet les bains à l'hydrofère sont surtout appliqués et donnent d'excellents résultats dans les affections dermiques, dans les douleurs, dans le traitement des plaies ; or l'on sait combien sont salutaires et efficaces, dans le même cas, les douches ou les bains de gaz acide carbonique. Si, par exemple, l'on a affaire à une de ces affections dermiques, désespoir de la médecine et désolation des malades qu'elles rongent de démangeaisons continuelles, le jet d'acide carbonique, en pulvérisant l'eau acidulée, amortira la démangeaison et la douleur, et doublera ainsi l'efficacité curative de la prescription médicale.

Les affections nerveuses paraissent, surtout pour les femmes, être le mal caractéristique de notre époque. Vrais protées, elles prennent toutes les formes et affectent le caractère et l'intelligence encore plus que le corps. Les propriétés anesthésiques de l'acide carbonique sont contre elles une suprême ressource, et lorsque ce gaz bienfaisant, pulvérisant l'eau saturée des aromes appropriés que la science emploie avec autant de sagesse que de succès, fera couler sur le derme une nappe parfumée, la guérison arrivera, sûre et rapide.

Ce n'est certes pas la fantaisie qui inspire ces réflexions, et telle autorité médicale fort justement renommée peut corroborer notre témoignage.

La chimie médicale et la physiologie, marchant ensemble d'un pas rapide vers la découverte des impénétrables secrets, que l'organisation humaine semblait naguère devoir cacher pour toujours à la curiosité scientifique, ont ouvert des voies nouvelles et sûres à l'art de guérir. L'accident morbide n'est pas seul combattu, on attaque la prédisposition et on prévient le mal qui doit éclater intense et fatal, en modifiant les tempéraments, en corrigeant les vices de la constitution, en introduisant, par l'alimentation, dans l'organisme les matériaux les plus efficaces pour produire cet heureux effet. C'est surtout à l'aide des eaux minéralisées qu'on obtient ce résultat. Nous touchons à un sujet trop souvent et trop bien traité par les hommes les plus autorisés pour que nous répétions ce qu'ils ont dit beaucoup mieux que nous et avec plus de fruit pour tous. Parmi tous les témoignages rendus de l'application des appareils Briet à la préparation des eaux minéralisées, nous citerons seulement le travail spécial publié par le docteur Guepin (de Nantes) qui a fait suivre ses enseignements de formules fort précieuses dans la pratique.

Il arrive souvent que des établissements thermaux, qui comptent un grand nombre de sources minérales, manquent cependant de certaines eaux dont l'efficacité est reconnue et dont le besoin se fait plus d'une fois sentir pour quelques malades en traitement. Pour suppléer aux eaux sulfureuses qui lui manquaient, l'établissement thermal de Bigorre établit le premier une *buvette portative* qui verse aux malades, comme d'une source naturelle, l'eau que réclame leur guérison. Cet exemple a été suivi, il est surtout facile pour les eaux rendues gazeuses par l'acide carbonique : la pression exercée par le gaz peut alors les faire arriver du cylindre, qui les contient, au robinet porté sur un élégant appareil qui les verse dans le verre. Ces buvettes iront se multipliant, et déjà on peut en remarquer dans quelques établissements de Paris, où l'eau de Seltz jaillit d'une colonne qui sert d'ornement à chaque table, et est distribuée à tous les consommateurs par un seul réservoir. Il est également facile aux maisons de santé qui offrent leurs ressources aux personnes à qui des raisons de position, d'occupation, ou de fortune interdisent de lointains déplacements, d'avoir chez elles leurs sources minérales et thermales, de transporter et d'éterniser dans leurs parcs et leurs salons, d'une manière commode et peu coûteuse, la vie des eaux qu'on va chercher au loin à si grands frais.

Toutes les recettes d'eaux minérales artificielles, rendues gazeuses par l'introduction de l'acide carbonique, pouvant du reste être préparées à l'aide des gazogènes Briet ou de l'appareil Mondollot, nous bornerons ici cet aperçu de leurs applications médicales.

L'eau de Seltz n'est pas la seule boisson alimentaire qui demande au gaz acide carbonique sa saveur et ses qualités, et toute cette famille des boissons sucrées et acidules, comprises dans la fabrication sous la dénomination de limonades ou de sorbets, aussi nombreuses que la fantaisie gastronomique, inspirée par un goût délicat et exercé, peut les créer, n'a besoin que d'être mentionnée.

Chacun sait comment elles se préparent et comment il suffit, pour les obtenir excellentes, de mettre dans le verre une quantité de sirop aromatisé proportionnée à la quantité d'eau saturée. C'est une branche précieuse pour l'industrie qui se livre à la fabrication des boissons gazeuses; le goût s'en répand tous les jours davantage, et, chose singulière, c'est parmi les populations des campagnes, des pays où le vin, coulant à flots, semble, comme en Bourgogne, exclure toute liqueur moins généreuse, que la consommation des limonades gazeuses grandit tous les jours. Il est vrai que pétillant dans le vin, la limonade forme une boisson délicieuse, capable d'affriander le palais du Bourguignon le plus sensuel; nous ne pouvons que souhaiter de voir ce délicat mélange combattre l'abus de l'alcool.

Dans les vins mousseux, le pétillement, on le sait, n'est dû qu'à l'acide carbonique qui s'y développe un peu naturellement, beaucoup à l'aide des substances qu'on y mêle pour aider artificiellement la nature. La fabrication des vins de Champagne prend tous les jours des développements énormes, et, pour arriver au bon marché, pour produire assez rapidement pour que des capitaux considérables ne restent pas enfouis dans les caves, l'introduction artificielle de l'acide carbonique pur commence à se répandre. Seulement ici encore les ailes de l'agitateur, le jeu de la pompe sont redoutables pour le liquide, plus redoutables que pour les eaux minéralisées à cause de la perte qu'ils occasionnent. Avec l'appareil Mondollot, dont le cylindre saturateur serait glacé d'argent à l'intérieur, on peut fabriquer une quantité de vin de Champagne assez grande pour satisfaire aux besoins commerciaux des plus fortes maisons.

La plupart des localités viticoles produisent d'excellents vins blancs qu'améliore encorele pétillement gazeux; elles trouveront dans le gazogène Mondollot, le moyen le plus simple de rendre plus agréables et d'un meilleur débit les produits de leur crû.

La qualité des bières et des cidres semble depuis quelques années suivre une marche inverse du développement que prend leur consommation, elle va chaque jour s'amoindrissant. Nous ne pouvons ni ne voulons rechercher les causes de ce funeste état de choses. Il nous suffit d'indiquer comment l'expérience a appris à y remédier.

Une bière, depuis longtemps répandue en Allemagne, parut ces dernières années dans quelques cafés et restaurants de premier ordre sous le nom de *Bock-Bier;* elle était pétillante, d'une saveur franche, d'excellent goût, on la servait en bouteilles. Son prix était assez élevé, mais ses qualités la firent vite adopter par les amateurs de la boisson aromatisée par le houblon. Le secret de fabrication ne fut pas longtemps gardé. Cette bière ne devait les qualités qu'on appréciait et que l'on payait si bien, qu'à l'introduction artificielle d'une certaine quantité d'acide carbonique.

Ce gaz donne en effet à la bière tout son montant, la rend piquante et légère, et son introduction peut être aussi bien faite et mieux faite dans la cave du limonadier que dans les ateliers du brasseur, à l'aide du gazogène Mondollot.

L'industrie fait de nombreuses applications du gaz acide carbonique ; le procédé Rousseau l'a introduit dans les raffineries de sucre; les chimistes ont souvent besoin de traiter les substances qu'ils manipulent, par ses courants ; ces détails nous entraîneraient trop loin. Qu'on nous permette cependant de citer en finissant une des plus curieuses et des plus intéressantes applications qu'en a su faire un horticulteur distingué.

Nous avons dit que les plantes consomment une quantité considérable de gaz acide carbonique; elles aident ainsi puissamment à débarrasser l'atmosphère des énormes quantités de ce gaz que mille causes y répandent. C'est ainsi qu'on s'explique l'action assainissante des arbres, que l'édilité parisienne cherche aujourd'hui à obtenir, avec tant de soin et de goût, par les nombreuses plantations dont elle embellit les boulevards et les élégants squares qu'elle sème dans Paris.

Les plantes doivent à l'acide carbonique leur coloration verte, et son action sur elles est si puissante que l'on reconnaît les sources d'où il s'exhale naturellement à l'exubérante végétation qui les entoure. On sait que les Orchidées — ces plantes singulières qui semblent défier dans leur production l'imagination la plus fantasque, et la bizarrerie raffinée de l'art chinois — trouvent dans l'air toute leur nourriture et qu'elles demandent aux branches où elles attachent leurs luxuriantes grappes et leurs fleurs innombrables, plutôt un appui que des sucs nourriciers.

Une d'elles, la plus précieuse d'une collection riche entre toutes, languissait malade. Les soins les plus minutieux allaient être perdus, les espérances les plus orgueilleuses s'évanouissaient. Une heureuse idée sauva la fille dépaysée des Tropiques et les espoirs de prime qu'on avait mis en elle. On la soumit aux inhalations d'acide carbonique, et la verdeur revint; bientôt les grappes se détachèrent, les fleurs, ouvrant leurs ailes, se suspendirent comme de brillants papillons enchaînés à la corolle aimée, et, durant plus d'un mois, leur riche éclat récompensa l'intelligent amateur de son heureuse inspiration, aujourd'hui patronée par la société impériale d'horticulture, dans les comptes rendus de laquelle on peut en étudier les détails.

Tendres fleurs et jeunes filles s'étiolent souvent; un peu de fer marié à l'eau gazeuse les sauverait : à la *blanche mateur* du lis succéderait le frais et vif coloris de la rose.

CHAPITRE VII

Propriétés alimentaires, hygiéniques et médicales de l'eau de Seltz et des boissons gazeuses. — Développement qu'a pris et que doit prendre leur consommation.

Nous avons dit le développement qu'a pris dans ces derniers temps la consommation des boissons gazeuses. Cette faveur toujours progressive et presque générale, dont s'est vue entourée l'eau de Seltz, s'explique par les qualités mêmes qu'elle possède. « Sous le nom « d'eau de Seltz, dit M. Payen (1), on désigne « l'eau potable ordinaire rendue gazeuse « par l'acide carbonique. Cette boisson pé- « tillante est considérée comme très-salubre. « Elle offre l'avantage de se mêler au vin sans « affaiblir la saveur et l'arome du mélange « autant que le ferait l'eau simple ; il en est

(1) *Des substances alimentaires.*

« résulté qu'un assez grand nombre d'ou-
« vriers font maintenant usage de cette bois-
« son, au lieu de consommer le vin pur ex-
« clusivement, et que, par suite, les faits
« déplorables de l'ivresse et ses funestes con-
« séquences ont pu diminuer dans les lieux
« où ces nouvelles habitudes se sont intro-
« duites. » « Toujours fraîche au palais,
« ajoute-t-il, elle ne trompe pas la soif,
« comme les boissons glacées ; elle a particu-
« lièrement l'avantage de corriger l'âcreté des
« vins nouveaux, par elle le verjus des envi-
« rons de Paris devient presque du Champa-
« gne rosé. »

Il faut donc en boire, suivant le même savant, pour améliorer le vin, pour détruire la partie malfaisante qu'il contient, pour mieux se rafraîchir, pour fortifier son estomac, pour éviter un vice qui est la plaie de la bourse, de la santé, et la cause des malheurs domestiques.

Ce passage résume avec autorité les qualités de l'eau de Seltz : mais la liste de ses qualités est loin d'être épuisée.

Tonique, rafraîchissante, diurétique, apéritive, elle facilite les digestions et protége contre toutes les affections aiguës ou chroniques et contre les affaiblissements des organes digestifs. On peut faire dater le développement qu'a pris sa consommation de l'époque funeste où le choléra, s'abattant sur Paris, sema la mort et l'effroi dans la capitale que ne défendait plus suffisamment la science surprise par un ennemi inconnu, contre lequel elle était impuissante. Le hasard ou l'inspiration lui conseillèrent d'éteindre la soif ardente qui dévorait les malades au moyen de l'eau de Seltz, et l'eau de Seltz, boisson bienfaisante, lutta contre le fléau.

Souvent elle triompha des vomissements contre lesquels avaient échoué les prescriptions les plus savantes et les plus énergiques. Les contractions douloureuses des muscles et des intestins s'apaisaient, et son action diurétique ramenait, avec la sécrétion rénale, un espoir et un signe de guérison.

Certes nous ne voulons pas dire que l'eau de Seltz soit un spécifique contre le choléra.

Le remède qui doit combattre et vaincre le terrible fléau est encore ignoré, mais les services qu'a rendus l'eau de Seltz en 1831 et pendant les diverses invasions de l'épidémie asiatique, sont immenses, incontestables; tous les médecins le proclament, et l'hygiène populaire désignait son usage comme un des meilleurs moyens de se préserver de ses atteintes.

A partir de cette époque néfaste, sa consommation augmenta d'une manière notable, tout en restant, longtemps encore, une boisson de luxe ; puis, peu à peu, à mesure que sa composition se perfectionnait, que les matières médicinales prescrites par la formule du codex furent écartées par l'industrie, et que la séparation devint plus tranchée entre les eaux minérales dues aux officines des pharmaciens et les eaux gazeuses ordinaires du commerce, l'eau de Seltz, considérée désormais comme boisson rafraîchissante, passa dans les usages de toutes les classes. Ce fut une révolution heureuse qui ne s'accomplit pas, cependant, sans quelques résistances.

Les pharmaciens, jadis maîtres d'un monopole que la force des choses leur enlevait, élevèrent des prétentions tendant à assimiler l'eau gazeuse aux autres eaux minérales artificielles et à la maintenir dans le cercle déterminé des substances purement médicinales.

On commençait alors à débiter, sous forme de petits paquets blancs et bleus, du bicarbonate de soude et de l'acide tartrique ; la combinaison de ces deux substances, mises en rapport avec l'eau dans un vase bien et rapidement bouché, amenait la formation du gaz acide carbonique qui, saturant le liquide contenu, le transformait en eau de Seltz et remplaçait plus ou moins habilement le produit dont les pharmaciens prétendaient conserver la confection et le commerce exclusifs.

Ces derniers intentèrent donc un procès dans le but de faire interdire la fabrication de l'eau de Seltz par tout autre que par eux. La justice ne partagea pas leur opinion; les juges du tribunal de première instance le prouvèrent en les déboutant de leur demande par un jugement du 11 juillet 1845 et en les condamnant aux dépens.

Au mois de juin de l'année suivante, la Cour royale confirma la sentence d'affranchissement du commerce prononcée par les premiers magistrats. Cet arrêt, ouvrant libre champ à la concurrence, amena la baisse de prix qui mit l'eau de Seltz à la portée de toutes les bourses. Son usage se généralisa chaque jour dans la vie publique comme dans la vie privée ; on la servit chez le marchand de vin, au café, au bal, en tout lieu, à toute heure, à la table du restaurant comme à celle de la maison particulière.

Elle cessa d'être assimilée aux autres substances médicinales ; du moment où les propriétés thérapeutiques n'étaient pas les seules dont elle pût s'honorer, où son rôle s'agrandissait pour le plus grand bien-être de tous, il devait paraître et il parut forcément raisonnable de la laisser paisiblement et sans entraves accomplir sa double mission sensualiste et hygiénique.

La loi eut raison d'accorder au commerce

une liberté dont chacun devait profiter, puisque la santé publique y était intéressée, que certaines classes sociales devaient y gagner en moralité. Tous ceux — médecins, chimistes, pharmaciens, savants ou gastronomes — qui ont traité des eaux gazeuses ont été unanimes pour vanter leurs bons effets et pour souhaiter de voir leur usage se répandre encore. « Aujourd'hui, dit M. Dorvault, en « France l'usage des eaux gazeuses médici- « nales et d'agrément est fort grand. Cepen- « dant on peut dire qu'il est loin d'être aussi « répandu qu'il le serait si la fabrication, au « lieu d'être confinée dans les villes d'une cer- « taine importance, pénétrait dans les centres « de troisième et quatrième ordre. » C'est surtout ce résultat si désirable que MM. Mondollot frères poursuivent et qu'ils ont aidé à atteindre par l'invention de leur nouvel appareil, qui pourra fonctionner avec profit dans les plus petites localités où des pharmaciens puissent s'établir. Nous ne saurions trop le recommander, le soin de la santé publique nous y autorise, à ceux qui habitent les localités — trop nombreuses — où des eaux malsaines, indigestes, nauséabondes ou plates, abreuvent seules les habitants. Le gaz acide carbonique et l'adjonction de quelques sels appropriés, corrigeront ces défauts qui, à la longue, se traduisent par des maladies organiques héréditaires dans la population.

Les boissons gazeuses sont d'ailleurs aujourd'hui indispensables à la pratique médicale, l'eau de Seltz est entrée dans l'habitude d'un grand nombre de familles. Une agglomération de quelques milliers d'habitants autour d'un centre des moins considérables suffit pour assurer un débit lucratif. La plupart des pharmaciens de ces localités ne trouvent, dans leur exploitation ordinaire, que des ressources fort restreintes. Pour eux beaucoup d'heures s'écoulent perdues, qu'ils pourraient et désireraient employer d'une manière profitable ; tous connaissent les bienfaisantes propriétés de l'eau de Seltz, un grand nombre voudraient utiliser l'abondance des sources de leur localité, auxquelles il ne manque que d'être rendues pétillantes et acidules pour mériter d'être aussi recherchées que celles de Condillac, de Saint-Galmier, etc.; mais les dépenses fort grandes et l'embarras qu'occasionnait jusqu'ici l'installation d'un atelier de fabrication paralysaient leur bonne volonté. On n'osait pas, avec raison, exposer un capital relativement considérable pour obtenir un résultat fort éventuel.

Avec les appareils de MM. Mondollot, tous ces inconvénients ont disparu; les frais et les embarras d'installation sont nuls. Leur acquisition elle-même ne peut être considérée comme dépense: si peu nombreux que soient les consommateurs, moins d'une saison suffira pour en couvrir le prix. Un seul homme les fait fonctionner sans fatigue aucune. La fabrication peut être interrompue, reprise, laissée à tout instant sans perte, sans embarras, sans danger. En ayant soin de préparer à l'avance la mixture d'eau et d'acide sulfurique pour que son refroidissement ne retarde point la marche de la fabrication, on peut en quelques heures produire une certaine quantité de bouteilles d'eau de Seltz, et leur débit, ne laisserait-il net que 10 centimes par bouteille, donnerait encore un bénéfice considérable, qui souvent dépasserait celui de la pharmacie elle-même.

Nous ne voulons pas revenir sur la production des limonades, des boissons gazeuses, et la préparation des eaux minérales artificielles, mais nous attirerons encore l'attention sur ce résultat immense qu'aurait pour la santé publique, l'application au moment voulu, sans déplacement et presque sans dépense aucune, des eaux minérales qui conviennent à chaque maladie. La plupart des malades qui se présentent dans les établissements thermaux, y arrivent affaissés sous le poids des affections chroniques ou déjà brisés par des maladies désespérées.

Le médecin a bien, dès le principe, prononcé le nom de la source bienfaisante dont les eaux, noyant le mal à son début, rendraient une santé florissante, mais bien peu de fortunes permettent de suivre ces conseils ; on craint les longs transports, la perte des soins de la famille, l'éloignement du foyer ; les occupations défendent d'ailleurs impérieusement tout déplacement. Cependant le mal empire et l'on part à sa dernière période pour demander aux sources minérales une guérison impossible.

Souvent aussi la fin de la saison interrompt la cure, et on ne peut se procurer la boisson salutaire. D'autres fois, suivant de sages conseils, on veut, avant de se livrer au traitement entier et sérieux, éprouver par de prudents essais l'effet des eaux qu'on doit prendre. Ce sont là autant de circonstances dans lesquelles la fabrication des eaux factices au moyen de l'appareil Mondollot peut rendre d'éminents services.

Les trois emplois différents que réunit cet appareil à lui seul sont : 1° anesthésie pour les différents cas où le médecin peut souhaiter d'endormir la douleur ou la sensibilité au moyen de l'acide carbonique, et en général production de ce gaz pur, pour quelqu'usage que ce soit ; 2° fabrication de toutes les eaux minérales artificielles ; 3° fabrication de boissons gazeuses, en siphons ou bouteilles pour satisfaire aux besoins d'une petite localité. Il remplit donc toutes les conditions et tous les désirs imposés et exprimés par la science. Il trouvera, dans l'officine d'un pharmacien intelligent, des applications toujours plus nombreuses et presque constantes, et améliorera grandement, nous l'espérons, la santé et le bien-être des campagnes trop négligées sous le rapport hygiénique.

Notre programme rempli, nous nous arrêtons ici, heureux si ces quelques pages ont suffi pour faire connaître à nos lecteurs l'industrie si intéressante des eaux gazeuses, et pour leur signaler toutes les applications que chacun d'eux peut faire, pour son propre usage, soit de l'acide carbonique à l'état gazeux, soit de ses dissolutions dans différents liquides.

FIN

TABLE DES MATIÈRES

FIN DE LA TABLE.

CORBEIL, TYPOGRAPHIE DE CRÉTÉ.

www.ingramcontent.com/pod-product-compliance
Ingram Content Group UK Ltd.
Pitfield, Milton Keynes, MK11 3LW, UK
UKHW020249220726
13923UKWH00002B/869